QUESTIONS 6/9 ans RÉPONSES

Les animaux menacés

Nathan

Édition originale parue sous le titre :
I Wonder Why the dodo is dead
Première édition : Kingfisher 1996

Auteur : Andrew Charman

Édition française :

Consultant : Michael Chinery
Traduction : Ariane Bataille
N° éditeur : 10118372 – ISBN : 2-09-250593-9

Pour l'édition canadienne : ISBN : 2-7625-8519-8

Composition : PFC-Dole – Dépôt légal : Février 2005

Conforme à la loi n° 49-956 du 16 juillet 1949
sur les publications destinées à la jeunesse.

Imprimé à Taïwan

Direction artistique : Amanda Francis
Illustrations :
John Butler 20-21 ; Peter Dennis (Linda Rogers Associates) 26-27 ; Christian Hook 30-31 ; Biz Hull (Artists Planers) 28-29 ; Ian Jackson 12-13, 16-17, 18-19 ; Tony Kenyon (B.L. Kearley) pour tous les dessins humoristiques ; Terence Lambert 24-25 ; Alan Male 14-15 ; Nicki Palin 6-7 ; Maurice Pledger (Bernard Thornton Artists) 10-11 ; Bryan Poole 4-5 ; David Wright (Kathy Jakeman) Couverture, 8-9, 22-23.

SOMMAIRE

Pourquoi n'y a-t-il plus de dinosaures ?

Les dinosaures ont vécu très longtemps sur Terre avant de disparaître brusquement, il y a 65 millions d'années. Personne ne sait exactement ce qu'il s'est passé. Le climat s'est-il refroidi trop brutalement ? Quoi qu'il en soit, il n'en reste plus un seul.

- Une espèce peut disparaître à cause des hommes ou de la transformation de son environnement.

Mais qui va disparaître ?

Toutes les espèces animales finissent par disparaître un jour ou l'autre. Elles sont généralement remplacées par de nouvelles espèces plus évoluées. Par exemple, les éléphants d'aujourd'hui sont les descendants des grands mammouths laineux qui ont disparu depuis environ 10 000 ans.

Beaucoup d'animaux risquent de disparaître car l'homme les chasse en trop grand nombre depuis des siècles.

La pollution de l'air, de l'eau ou du sol peut entraîner la mort de tant d'animaux qu'une espèce tout entière se trouve alors menacée.

Si l'on emmène des animaux avec soi d'un pays à un autre, ces nouveaux arrivants peuvent nuire aux espèces qui vivent sur place.

Certains animaux sont menacés de disparition car on détruit leur habitat pour construire des routes ou des maisons.

Pourquoi le dodo a-t-il disparu ?

Dans l'océan Indien, l'île Maurice était le pays des dodos. Mais depuis 1680, environ, ils ont tous disparu, mangés par les marins qui faisaient escale sur l'île. Ces pauvres oiseaux, trop lents et surtout pas assez méfiants, étaient des cibles faciles.

- L'*Aepyornis*, aux œufs 200 fois plus gros que ceux des poules, était le plus grand oiseau du monde. Il a disparu il y a 300 ans.

- Le dodo pondait ses œufs à même le sol. N'importe quel animal pouvait s'en emparer facilement !

Mi-zèbre, mi-cheval, quel était donc cet animal ?

Le rapide couagga vivait autrefois en bandes dans les vertes prairies d'Afrique du Sud. Chassé à la fois pour sa chair et son étrange pelage, il fut vite exterminé. Si bien qu'en 1883, il n'en restait plus un seul.

• Au début du XIXe siècle, l'attelage de couaggas était très à la mode en Angleterre.

• Le dernier thylacine, ou loup de Tasmanie, a été aperçu il y a 60 ans. C'était une bête étrange à tête de loup et dont le corps rayé comme celui d'un tigre se terminait par une queue de kangourou !

Combien y a-t-il de bêtes rampantes ?

Jusqu'à présent, on en a dénombré 1 400 000 espèces. On estime qu'il en reste environ 30 millions à découvrir. Mais si l'homme continue à détruire tous leurs habitats, la plupart de ces petites bêtes seront exterminées avant même d'avoir été découvertes.

- Le papillon de la reine Alexandra vit en Papouasie-Nouvelle-Guinée. Il est menacé par le défrichement des forêts.

- Il y a trop d'insectes rampants pour que l'on s'occupe de chacun en particulier. Le meilleur moyen de les sauver est de protéger les endroits où ils vivent.

• Seul un petit groupe de phasmes de l'île Lord Howe, en Australie, survit encore sur un îlot minuscule à l'abri des rats. Mais pour combien de temps ?

Quel est cet insecte rare plus gros qu'une souris ?

Ces insectes géants de Nouvelle-Zélande sont des sauterelles géantes appelées wetas. Mangés par les rats et chassés des forêts qu'on exploite, ils sont menacés d'extinction. Aujourd'hui, on les protège dans des réserves naturelles.

• Inoffensive malgré les apparences, la tarentule mexicaine est en voie de disparition pour avoir été trop souvent arrachée à son milieu naturel.

Qui aime les marécages ?

Toutes sortes d'animaux se sont adaptés à la vie dans les régions marécageuses. C'est le cas, par exemple, des libellules, des tortues, des castors ou des cigognes, qui y trouvent un grand choix de nourriture et d'endroits où élever leurs petits.

- Les marais sont très utiles aux oiseaux qui parcourent de longues distances. Ils peuvent s'y reposer et y trouver de quoi se nourrir.

- Tous les animaux des marais seront en danger si l'homme continue à en polluer les eaux ou à les assécher pour y installer habitations et cultures.

Qui est nourri par une marionnette ?

En Russie, dans certaines régions de marais, les gens élèvent les bébés grues de Sibérie orphelins. Ces fausses « mamans » se couvrent la tête d'un drap et la main d'une marionnette que les petits prennent pour un véritable oiseau. Ainsi, parvenus à l'âge adulte, ils reviendront dans leur milieu naturel avec les autres grues.

- Tué pour sa peau, l'alligator était un animal en voie de disparition. Aujourd'hui, la chasse en est interdite et on le trouve en plus grand nombre aux États-Unis.

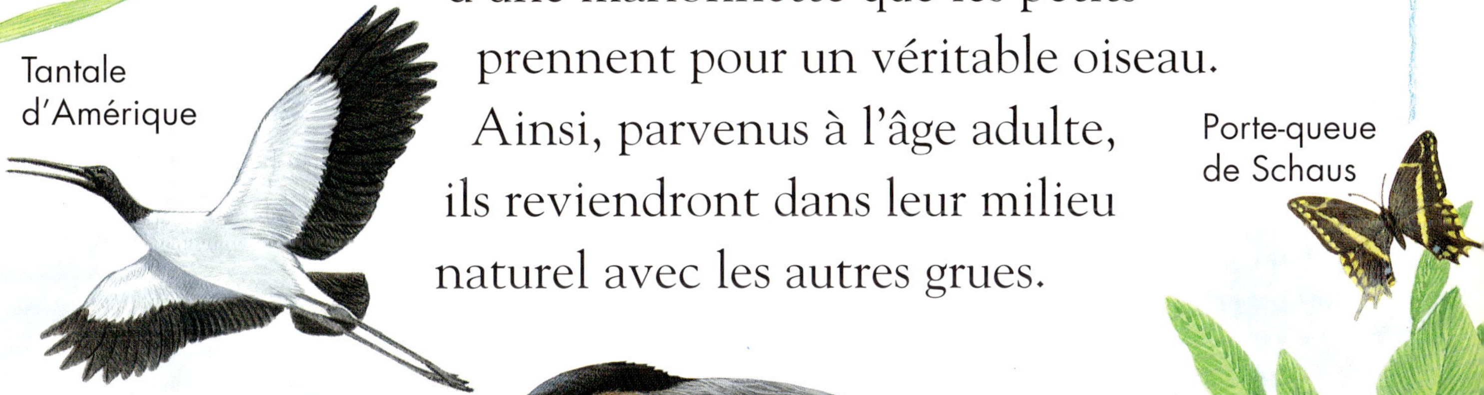

Qui doit se méfier des bateaux ?

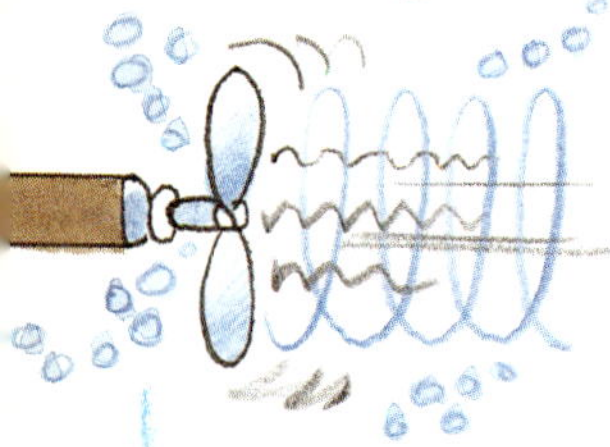

Le lamantin est un animal très paisible qui passe sa vie à nager lentement, tout en broutant des plantes aquatiques. Même si, aujourd'hui, personne n'a le droit de le chasser, il est en voie de disparition car les hélices des bateaux à moteur le blessent souvent mortellement.

- En Chine vit un dauphin d'eau douce presque aveugle qui se guide au son pour trouver sa nourriture. Troublé par le bruit des moteurs de bateaux, il se prend souvent dans les filets de pêche.

Où vont les œufs d'esturgeon ?

Chaque année, les esturgeons remontent les rivières pour pondre leurs œufs à l'endroit où ils sont nés. S'ils survivent au voyage, leurs œufs, eux, ne sont pas assurés d'éclore un jour. Beaucoup terminent leur existence, dans une assiette, sous le nom de caviar !

Pourquoi ne doit-on pas parler du protée ?

Les protées sont des batraciens devenus si rares dans les nappes d'eau souterraines, par la faute de collectionneurs acharnés, que l'on garde aujourd'hui secrets les endroits calmes où ils sont préservés.

- Aux États-Unis, un hôpital équipe les lamantins blessés de gilets de sauvetage qui leur permettent de flotter en attendant d'aller mieux.

Qui a mangé du poisson empoisonné ?

- En Europe, les loutres de rivière ont failli disparaître à cause de la pollution. Mais depuis que certains cours d'eau ont été nettoyés, elles reviennent.

Le pygargue à tête blanche aurait pu disparaître pour avoir pêché du poisson empoisonné dans des lacs pollués par les insecticides. Heureusement, ce produit a été interdit et, aujourd'hui, les oiseaux se portent bien.

À *quel animal appartient la corne magique ?*

Le rhinocéros vit dans les savanes d'Asie et d'Afrique. Bien qu'il soit interdit de le chasser, on le tue encore pour s'emparer de sa corne qui coûte très cher. Dans certains pays, où l'on pense qu'elle a des pouvoirs magiques, on en fait des manches de poignard et de la poudre vendue comme remède miracle.

- Les gardes d'une réserve africaine ont décidé de couper les cornes des rhinocéros. Cette opération indolore dissuade ainsi les braconniers de les massacrer.

- La tortue molle africaine est aujourd'hui en voie de disparition pour avoir été capturée en trop grand nombre. À l'état sauvage, elle peut glisser son corps aplati entre deux rochers et s'y caler en gonflant sa carapace.

● L'outarde barbue voit ses prairies transformées en terres agricoles et ses nids piétinés par le bétail. De plus, les lignes électriques lui tendent des pièges mortels.

Pourquoi l'éléphant est-il menacé ?

Massacrés à cause de leurs défenses en ivoire, les éléphants sont en voie de disparition. Il est interdit de les chasser… sauf avec un appareil photo ou une caméra ! Aujourd'hui, la plupart des pays interdisent l'importation d'ivoire.

Quel animal « disparu » est redevenu sauvage ?

Les zoos étaient jusqu'à présents les seuls endroits où l'on pouvait voir des cerfs du Père David. Ils s'y sont si bien reproduits que beaucoup d'entre eux ont été remis en liberté dans leurs prairies d'origine, au nord de la Chine.

Qui ne peut pas vivre sans arbres ?

Les orangs-outans vivent dans les arbres des forêts tropicales. Ils y cherchent leur nourriture, des endroits pour dormir, et sautent de l'un à l'autre pour se déplacer. Sans arbres, leur vie est très perturbée.

• C'est dans les forêts tropicales qu'on trouve le plus grand nombre d'espèces d'arbres et d'animaux. Chaque arbre abattu met la vie de ces forêts en danger.

Quel est l'animal le plus timide de tous ?

L'okapi se cache si bien que les scientifiques ne l'ont découvert qu'en 1901. Cet animal timide est aujourd'hui en voie de disparition à cause de la déforestation.

Quel est l'animal le plus malchanceux ?

À Madagascar, l'aye-aye chasse la nuit dans les forêts. Or certains habitants de l'île, pensant qu'il porte malheur, le tuent. Résultat : il n'en reste presque plus. Heureusement, il est aujourd'hui protégé dans de nombreux endroits.

- En voie de disparition, la grenouille dendrobate sécrète une substance si toxique que les Indiens d'Amérique du Sud en enduisent leurs flèches pour chasser.

Qui est la roussette géante ?

La roussette géante est une chauve-souris qui se nourrit exclusivement de fruits.

Il n'en reste plus que 400 dans les forêts tropicales de l'île Rodriguez, située au cœur de l'océan Indien.

Où vont tous les ours polaires ?

Dans certaines régions glacées du Grand Nord, les ours blancs viennent jusque dans les villes pour y fouiller les poubelles et se nourrir des déchets jetés par les hommes.

Qui protège-t-on en les teignant ?

Afin de dissuader les chasseurs de tuer les bébés phoques pour vendre leur belle fourrure blanche, leurs défenseurs vaporisent de la teinture sur leurs poils. Cette intervention ne leur fait aucun mal, mais leur ôte toute valeur marchande.

- Les ours polaires sont directement menacés par le réchauffement de la planète. Si les glaces de l'Arctique fondent, où iront-ils chasser ?

- On a cessé de chasser le bœuf musqué à partir du moment où l'on a découvert la valeur de sa toison et compris qu'il était plus utile d'en faire l'élevage que de le tuer.

Quelle est cette baleine à la drôle de corne ?

Cétacé des mers arctiques, le narval mâle est très recherché pour sa canine gauche qui s'est développée de telle façon qu'elle ressemble à une corne de licorne. Mais si l'on continue à le chasser, il va disparaître.

- Seul le continent Antarctique n'a pas trop souffert des méfaits de l'homme. C'est le dernier endroit de la planète vraiment sauvage. Pourvu qu'il le reste !

Pourquoi la baleine franche est-elle en danger ?

Parce qu'elle nage lentement, la baleine franche a été une proie facile pour les baleiniers.

Elle a presque été exterminée. Depuis 1935, sa chasse est interdite. En 1986, cette protection s'étend sur toutes les baleines. Mais, certains pays d'Asie et d'Europe du Nord agissent pour rétablir le droit à la chasse.

- Seuls les Inuits de l'Arctique conservent le droit de chasser la baleine franche car cela fait partie de leur culture. Pourtant, beaucoup de gens pensent qu'ils devraient arrêter.

- Le perfectionnement des bateaux de pêche modernes laissant peu de chances aux poissons de leur échapper, des espèces très communes risquent fort de disparaître.

- Les requins blancs font peur. Mais eux aussi devraient avoir peur des hommes qui les tuent chaque année en grand nombre pour revendre à prix d'or leurs dents et leurs mâchoires.

● Les étoiles de mer se regroupent parfois en bandes pour se régaler de coraux. Peut-être est-ce parce que les pêcheurs ont exterminé leurs ennemis naturels ?

Qu'est-ce qu'un parc marin ?

Au fond de la mer, beaucoup de parcs ont été aménagés pour préserver les récifs de corail. Le plus important est celui de la Grande Barrière, au large de l'Australie : cette zone protégée empêche les gens de détériorer la faune et la flore.

● Chaque année, des millions de créatures marines meurent à cause des déchets en plastique. Les tortues, elles, s'étouffent avec des sacs qu'elles prennent pour des méduses.

Que faut-il éviter aux perroquets ?

Chaque année, des milliers de perroquets et d'aras sont capturés pour être vendus comme animaux familiers. Mais, enfermés dans des boîtes très petites, ils meurent la plupart du temps pendant le voyage, ou juste après.

- Un animal né en captivité et élevé par l'homme vivra mieux et plus longtemps que celui qu'on a enlevé à son milieu naturel. N'achète jamais d'animaux sans avoir vérifié qu'ils ne sont pas sauvages.

- Les aras de Spix valent très cher. Il n'en reste plus que 31 spécimens dans le monde, dont un seul en liberté. Si celui-ci ne se reproduit pas, ce sera la fin de l'espèce à l'état sauvage.

• Avant d'acheter un animal, il est prudent de se renseigner sur sa taille adulte. Beaucoup de gens sont surpris de voir de mignons bébés se transformer en monstres !

Qui a mis un caméléon dans sa valise ?

Des vacanciers ont été pris par des douaniers avec des caméléons dans leur valise. Il est absolument illégal de transporter des animaux d'un pays à un autre. Ces gens essayaient de les importer en fraude.

• Les chercheurs pratiquent des tests sur des chimpanzés, des macaques et des tamarins. Les partisans de ces tests assurent qu'ils font progresser la médecine tandis que leurs adversaires affirment qu'ils sont cruels et inutiles.

Qui a défendu les éléphants ?

Un jour, le président du Kenya a ordonné de brûler 12 tonnes de défenses d'éléphants confisquées à des braconniers : une façon flamboyante de dire au monde entier qu'il faut arrêter de vendre et d'acheter de l'ivoire.

Qui est le crabe des cocotiers ?

Il vit sur les îles des océans Indien et Pacifique. Adulte, il atteint un mètre d'envergure. Les touristes apprécient à la fois sa chair et sa carapace.

- Avec son 1,80 m de long, la salamandre chinoise géante est la plus grande du monde. Mais elle est si bonne à manger que, bientôt, elle risque de disparaître.

Qui pourrait regretter d'être tacheté ?

Certaines personnes aiment les manteaux en peau de léopard. D'autres chassent le lion parce qu'ils trouvent ça excitant. Si les léopards pouvaient parler, ils regretteraient sûrement de ne pas avoir un pelage uni, moins voyant, que personne n'aurait envie de se mettre sur le dos.

Pourquoi un couloir pour tigres ?

En Inde, de nombreux tigres vivent dans des réserves ou des parcs nationaux protégés des chasseurs. Les animaux peuvent passer de l'un à l'autre par des « couloirs » de forêt, lorsqu'ils partent à la recherche de nourriture, ou d'un partenaire.

Comment l'opossum traverse-t-il les routes ?

En Australie, l'opossum nain des montagnes emprunte un passage souterrain ! Construit sous la route qui traverse leur réserve, il permet aux mâles de rejoindre les femelles sans risquer de se faire écraser.

- La faune et la flore des îles Galapagos, dans l'océan Pacifique, sont tellement extraordinaires que toutes les îles ont été classées parc national. Ainsi, la nature y est partout protégée.

Devant qui faut-il éviter de renifler ?

Les gorilles craignent nos virus. Ils peuvent mourir d'une simple grippe. Les touristes qui veulent rendre visite aux gorilles des montagnes du parc des volcans Virunga doivent être, avant tout, en bonne santé.

- Les grands rhinocéros indiens se trouvent si bien dans leurs réserves qu'ils s'y reproduisent trop vite. Certains vont devoir être déplacés.

Quelle mission ont les zoos ?

Autrefois, les zoos se contentaient d'exposer des animaux dans des cages. Aujourd'hui, plusieurs d'entre eux se donnent pour mission de sauver les espèces en voie de disparition auxquelles ils offrent les meilleures conditions de reproduction possible. Si les animaux pouvaient parler, ils approuveraient sûrement ceux-ci.

Quels animaux s'en vont des zoos ?

Les oryx ont été exterminés par les chasseurs. Quelques spécimens ont pu être sauvés. Placés dans un zoo, ils se sont reproduits. Plus tard, un petit troupeau a été relâché dans la nature.

• Il y a 65 ans, on croyait le hamster doré disparu. Mais une femelle et ses 12 petits, capturés et placés dans un zoo, ont pu se reproduire en toute sécurité. Ils sont aujourd'hui des millions !

Quel animal en danger élève-t-on dans un seau ?

Aux États-Unis et au Mexique, on élève des tortues de Ridley dans des seaux afin que les bébés puissent y vivre à l'abri des oiseaux marins et autres prédateurs. Ils ne quittent la nurserie pour la mer que lorsqu'ils sont assez grands.

• La dernière colonie de wallabies « à queue bridée en clou » a été sauvée et placée en sécurité dans une réserve.

Que doit-on aux animaux ?

De plus en plus d'animaux sont menacés de disparition par la faute de certains hommes. Puisqu'ils n'ont pas les moyens d'empêcher ces hommes de les chasser et de détruire leur habitat, c'est aux gens conscients du mal qui leur est fait de prendre la parole pour essayer d'y mettre un terme et les sauver.

- Chacun peut faire un geste pour sauver les animaux en danger en devenant membre d'une association qui a pour mission de les protéger, mais aussi en évitant d'acheter tout ce qui peut contribuer à les mettre en danger.

A-t-on besoin des animaux ?

Oui, bien sûr.
Ils nous fournissent vêtements, nourriture et autres matières qui nous feront défaut s'ils disparaissent un jour. Nous ne savons même pas tout ce qu'ils peuvent nous apporter. De toute façon, sans eux, le monde ne serait ni aussi beau, ni aussi intéressant.

● Beaucoup de gens estiment que les animaux doivent être sauvés pour la simple raison qu'ils vivent et qu'ils ont, autant que nous, le droit d'exister.

INDEX